www.sachildrensbooks.com

Copyright©2014 by S.A. Publishing

All rights reserved. No part of this book may be reproduced in any form or by any electronic or mechanical means, including information storage and retrieval systems, without written permission from the publisher or author, except in the case of a reviewer, who may quote brief passages embodied in critical articles or in a review.

Tous droits réservés. Aucune reproduction de cet ouvrage, même partielle, quelque soit le procédé, impression, photocopie, microfilm ou autre, n'est autorisée sans la permission écrite de l'éditeur.

First edition, 2015

Translated from English by Sophie Troff

Traduit de l'anglais par Sophie Troff

Library and Archives Canada Cataloguing in Publication
I love to sleep in my own bed (French Bilingual Edition)/ Shelley Admont
ISBN: 978-1-77268-033-1 paperback
ISBN: 978-1-77268-420-9 hardcover
ISBN: 978-1-77268-032-4 ebook

Although the author and the publisher have made every effort to ensure the accuracy and completeness of information contained in this book, we assume no responsibility for errors, inaccuracies, omission, inconsistency, or consequences from such information.
Please note that the French and English versions of the story have been written to be as close as possible. However, in some cases they differ in order to accommodate nuances and fluidity of each language.

For those I love the most- S.A.
Pour ceux que j'aime le plus-S.A.

Jimmy, a little bunny, lived with his family in the forest. He lived in a beautiful house with his mom, dad, and two older brothers.

Jimmy, le petit lapin, vivait avec sa famille dans la forêt. Il habitait une magnifique maison avec sa maman, son papa et ses deux grands frères.

Jimmy didn't like to sleep in his own bed. One night, he brushed his teeth and before going to bed, he asked his mom, "Mom, can I sleep in your bed with you? I really don't like sleeping in my bed alone."

Jimmy n'aimait pas dormir dans son petit lit. Un soir, il brossa ses dents et avant d'aller au lit, il demanda à sa maman :
– Maman, est-ce que je peux me coucher dans ton lit ? Je n'aime vraiment pas dormir tout seul dans mon lit.

"Sweetie," said Mom, "everyone has his own bed, and your bed suits you just right."

– Chéri, dit Maman, tout le monde dort dans son lit, et le tien est parfait pour toi.

"But, Mom, I don't like my bed at all," answered Jimmy. "I want to sleep in your bed."

– Mais maman, je n'aime pas du tout mon lit, répondit Jimmy. Je veux dormir dans le tien.

"Let's do this," said Mom, "you get into your bed, and I'll hug you, tuck you in, and read you and your brothers a story. Then, I'll give you a kiss and sit with you until you fall asleep."

– *Voilà ce qu'on va faire, dit maman. Tu vas dans ton lit et je te fais un câlin, je te borde et je vous lis une histoire à tes frères et toi. Puis je te donnerai un bisou et je resterai à côté de toi jusqu'à ce que tu t'endormes.*

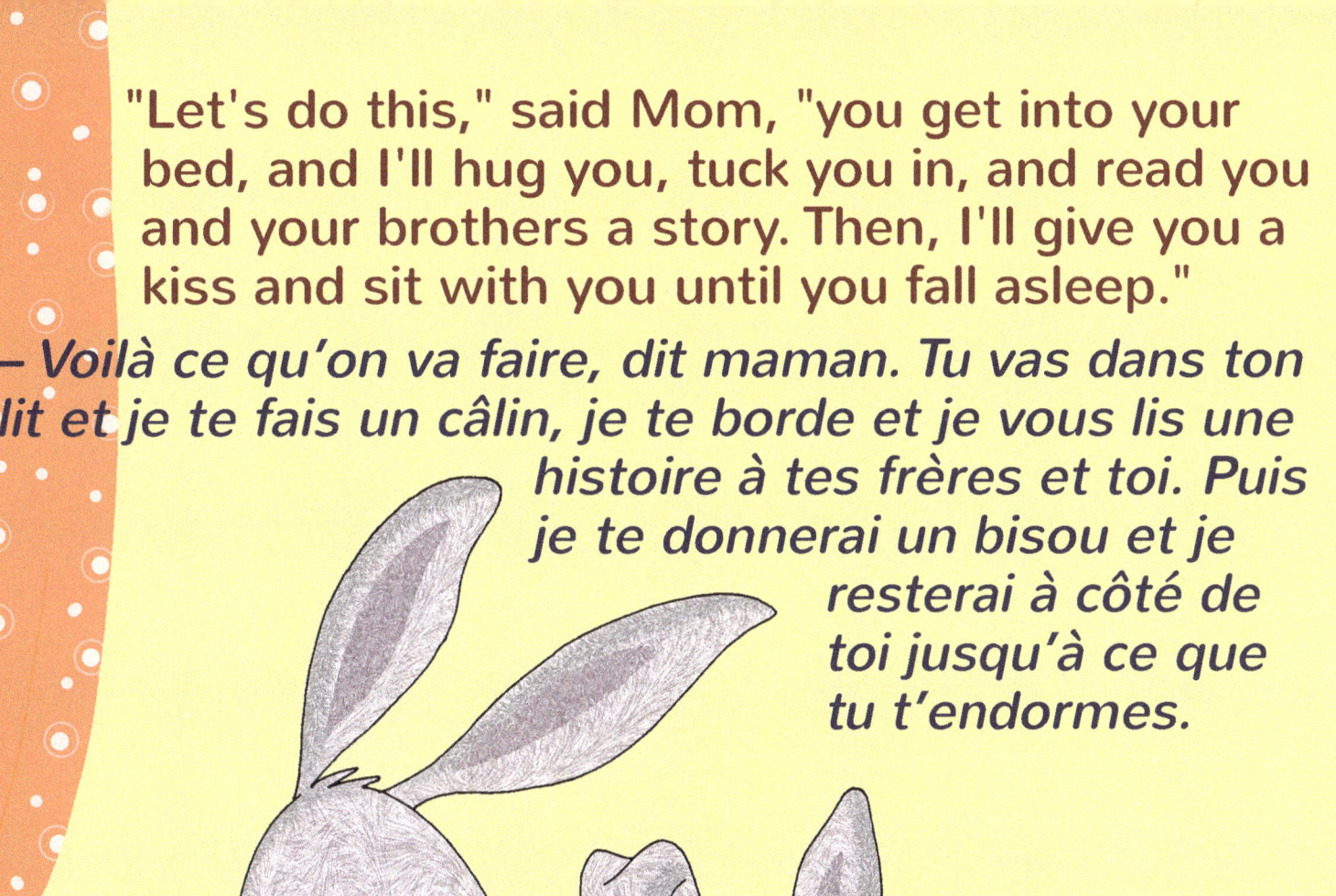

"Okay," agreed Jimmy, and he gave his mom a kiss.

– *D'accord, acquiesça Jimmy, puis il donna un bisou à sa maman.*

Mom hugged Jimmy and read a bedtime story to her three children.

Maman prit Jimmy dans ses bras et lut une histoire à ses trois garçons.

During the story, the children fell asleep. Mom gave all of them a goodnight kiss and went to sleep in her bed in her room.

Pendant qu'elle lisait, les trois enfants s'endormirent. Maman leur donna chacun un baiser et partit se coucher dans sa chambre.

In the middle of the night, Jimmy woke up. He sat up in bed, looked around, and saw that Mom wasn't next to him.

Au milieu de la nuit, Jimmy se réveilla. Il s'assit dans son lit, regarda autour de lui, et vit que maman n'était plus là.

Then, he got out of bed, took his pillow and blanket, and sneaked quietly into Mom and Dad's room. Jimmy got into their bed, hugged Mom, and fell asleep. They slept like that the whole night until the morning.

Alors, il se leva, prit son oreiller et sa couverture, et se faufila en douce dans la chambre de papa et maman. Jimmy se glissa dans leur lit, se blottit contre maman et s'endormit. Ils dormirent ainsi toute la nuit jusqu'au matin.

The next night, Jimmy woke up again. He took his pillow and blanket, and tried to leave the room like the night before. But just then, his middle brother woke up.

La nuit suivante, Jimmy se réveilla à nouveau. Il prit son oreiller et sa couverture et voulut sortir en douce de la chambre comme la veille. Mais à ce moment-là, son frère cadet se réveilla.

"Jimmy, where are you going?" he asked.

– Jimmy, où vas-tu ? lui demanda-t-il.

"Ah, ahh...," Jimmy stuttered, "nowhere. Go back to sleep."

– Ah, ahh... bredouilla Jimmy. Nulle part. Rendors-toi.

Jimmy quickly ran to his mom and dad's room. He sneaked into their bed and pretended to sleep.

Jimmy se précipita dans la chambre de papa et maman. Il se glissa en douce dans leur lit et fit semblant de dormir.

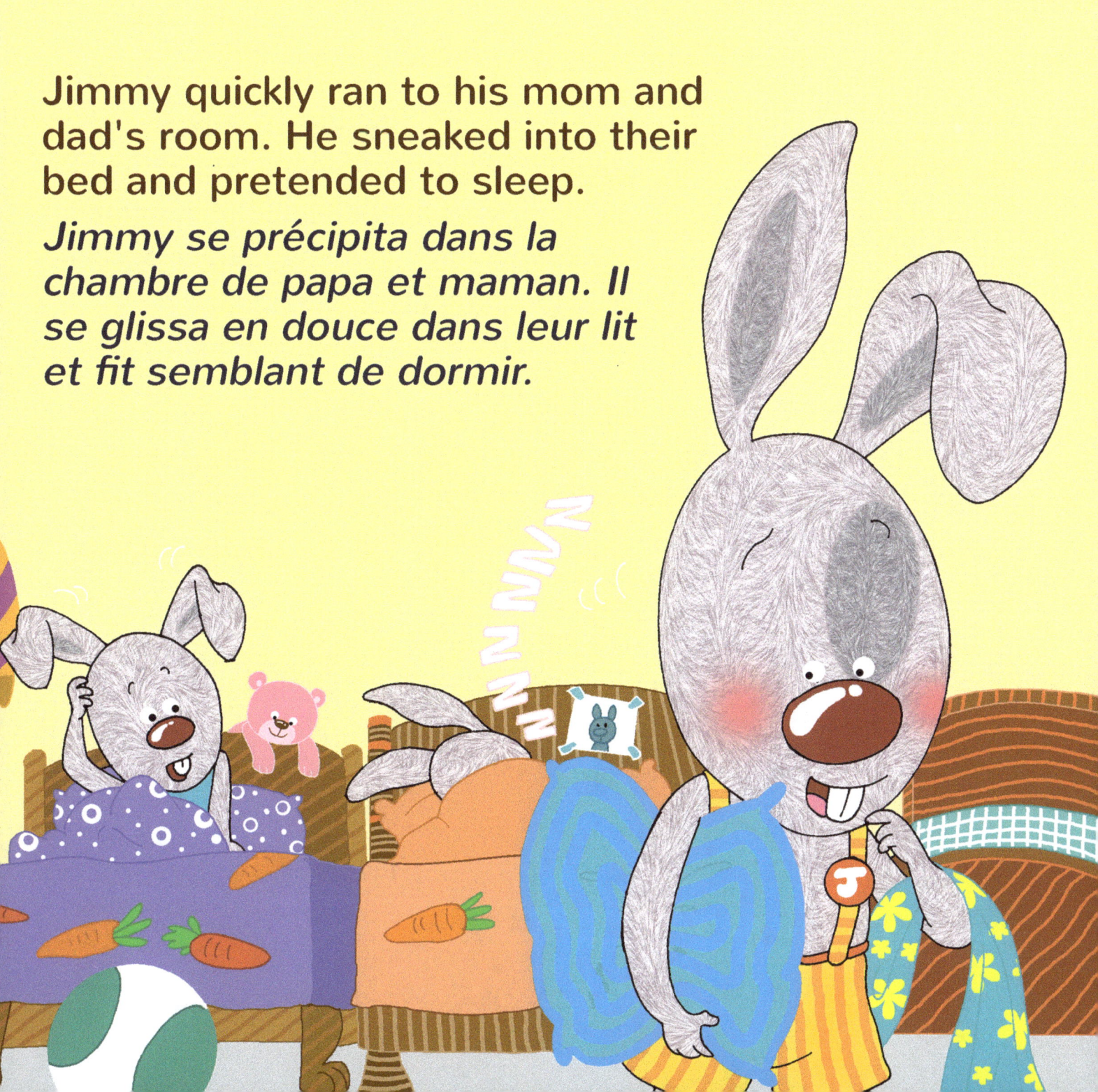

But his middle brother was wide awake. I wonder what's happening here, thought his brother and decided to follow Jimmy. When he discovered that Jimmy was sleeping in their mom and dad's bed, he was very upset.

Mais son frère cadet était tout à fait réveillé. Je me demande ce qui se passe¸ se dit son frère et il décida de suivre Jimmy. Quand il découvrit que Jimmy dormait dans le lit de sa maman et de son papa, il fut très contrarié.

So that's the way it is, is it? he thought. *If Jimmy is allowed, then I want to also.* With that, he got into their parents' bed as well!

Alors, c'est comme ça ? *pensa-t-il.* Si Jimmy a le droit de dormir avec eux, moi aussi. *Sur ce, il grimpa lui aussi dans le lit de ses parents.*

Mom heard the strange noises, opened her eyes, and saw the two children in bed. She made room for them in the bed, by making do with a small corner of the bed for herself.

Maman entendit des bruits étranges, ouvrit les yeux et vit ses deux petits dans son lit. Elle leur fit de la place en se poussant tout au bord du lit.

Again, they slept like that the whole night until the morning.

Ils dormirent ainsi toute la nuit jusqu'au lendemain matin.

On the third night, the same thing happened. Jimmy woke up, took his pillow and blanket, and went to his parents' room. His brother followed him again and got into their parents' bed together with his pillow and blanket.

La troisième nuit, il se passa la même chose. Jimmy se réveilla, prit son oreiller et sa couverture, et fila dans la chambre de ses parents. Son frère le suivit et il se glissa dans le lit de leurs parents avec son oreiller et sa couverture.

But this time, the oldest brother also woke up. *Something's not right here*, he thought to himself and followed his two younger brothers to Mom and Dad's room.

Mais cette fois, leur grand frère se réveilla également. Il se passe quelque chose de bizarre, se dit-il en suivant ses deux jeunes frères dans la chambre de papa et maman.

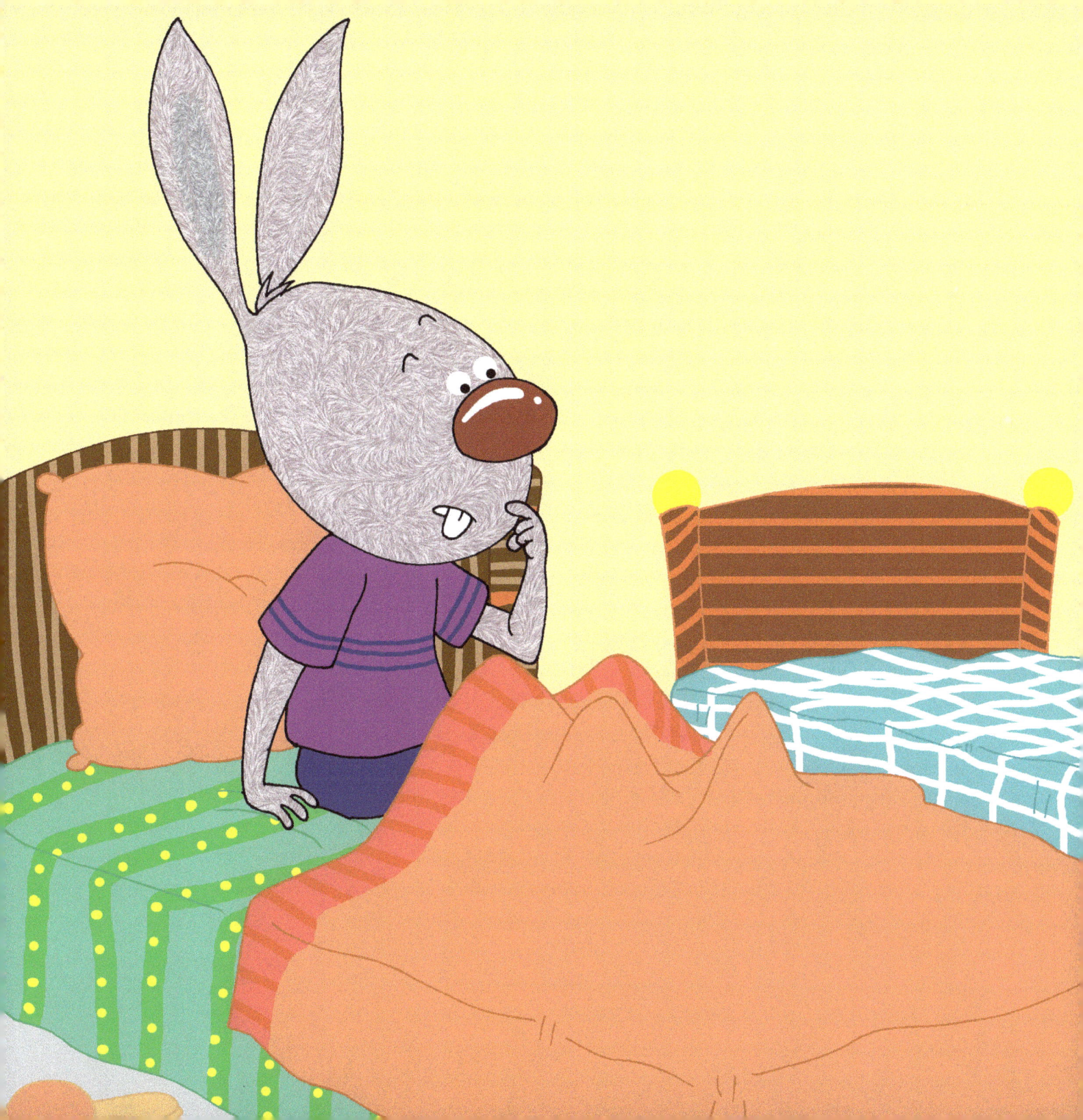

When he saw his two brothers sleeping together with Mom and Dad, he was very jealous.

Quand il vit que ses frères dormaient avec papa et maman, il fut très jaloux.

I also want to sleep in Mom and Dad's bed, he thought and quietly jumped into the bed.

Moi aussi je veux dormir dans le lit de papa et maman, *se dit-il, et il grimpa en silence dans le lit.*

They slept like this the whole night. It was really uncomfortable. Mom and Dad didn't rest the whole night. Tossing and turning, they tried to find the most comfortable way to sleep.

Ils dormirent ainsi toute la nuit. C'était très inconfortable. Maman et papa n'arrivaient pas à trouver le sommeil. Ils n'arrêtaient pas de se tourner et se retourner, essayant de trouver une position confortable pour dormir.

It wasn't easy for the little bunnies either. They turned over and over in the bed until it was almost morning.

Ce n'était pas confortable non plus pour leurs petits, qui se tournèrent et se retournèrent dans le lit jusqu'au petit matin.

Then suddenly...Boom! ...Bang! ...the bed broke!
Et soudain... Boum !... Bang !... le lit se cassa !

"What happened?" Jimmy shouted as he woke up right away.
– Qu'est-ce qui se passe ? hurla Jimmy en se réveillant en sursaut.

"What are we going to do now?" said Mom sadly.
– Comment allons-nous faire maintenant ? dit maman d'une voix triste.

"We'll have to build a new bed," Dad announced. "After breakfast, we'll go to the forest and start working."
– Nous allons devoir fabriquer un nouveau lit, déclara papa. Après le petit déjeuner, nous irons dans la forêt pour nous mettre au travail.

After breakfast, the whole family went to the forest to build a new bed.

Après le petit déjeuner, toute la famille se rendit dans la forêt pour construire un nouveau lit.

After a whole day's work, they had made a big, strong bed out of wood. The only thing left to do was decorate it.

Après une journée entière de travail, ils avaient fabriqué un grand lit solide en bois. Il ne restait plus qu'à le décorer.

"We've decided to paint our bed brown," said Mom, "and while we're painting our bed, you can repaint your beds whatever colors you like."

– *Nous avons décidé de peindre notre lit en brun, dit maman. Et pendant que nous peignons notre lit, vous pouvez repeindre le vôtre de la couleur qui vous plaira.*

"I want blue," said the oldest brother with excitement and ran to paint his bed blue.

– *Je veux du bleu, dit le grand frère enthousiaste, en courant peindre son lit en bleu.*

"And I choose the color green," said the middle brother happily.

– *Et le mien sera vert, dit le frère cadet tout heureux.*

Jimmy took the color red and the color yellow. He mixed the red with the yellow and made his favorite color… **orange**!

Jimmy prit de la peinture rouge et de la peinture jaune. Il mélangea le rouge et le jaune pour faire sa couleur favorite…
l'orange !

He painted his bed orange and decorated it with red and yellow stars. There were big stars and middle-size stars and even very, very small stars.

Il peignit son lit en orange et le décora d'étoiles rouges et jaunes. Il y avait des grandes étoiles et des moyennes, et même des étoiles minuscules.

After he finished, he ran to Mom and proudly shouted, "Mom, look at my beautiful bed! I love my bed so much. I want to sleep in it every night."

Après avoir terminé, il se précipita vers maman et s'écria fièrement :
– Maman, regarde comme mon lit est beau ! J'aime tellement mon lit. Je veux dormir dedans tous les soirs.

Mom smiled and gave Jimmy a big hug.

Maman sourit et embrassa Jimmy.

Ever since then, Jimmy has slept in his orange bed every night.

Depuis ce jour, Jimmy dort dans son lit orange toutes les nuits.

Goodnight, Jimmy!
Bonne nuit, Jimmy !

www.ingramcontent.com/pod-product-compliance
Lightning Source LLC
Chambersburg PA
CBHW051300110526
44589CB00025B/2901